www.ingramcontent.com/pod-product-compliance
Lightning Source LLC
LaVergne TN
LVHW072052060526
838200LV00061B/4718
9781834162799

מִלוֹן תְּמוּנוֹת רִאשׁוֹן
חַיּוֹת

פַּרְפַּר

חֲזִיר

שׁוּעָל

אַרְנֶבֶת

אֻיַּר עַל־יְדֵי אָנָה אִיוָנִיר

www.kidkiddos.com
Copyright ©2025 by KidKiddos Books Ltd.
support@kidkiddos.com

All rights reserved. No part of this book may be reproduced in any form or by any electronic or mechanical means, including information storage and retrieval systems, without written permission from the publisher, except in the case of a reviewer, who may quote brief passages embodied in critical articles or in a review.
First edition, 2025

Library and Archives Canada Cataloguing in Publication
First Picture Dictionary - Animals (Hebrew edition)
ISBN: 978-1-83416-279-9 paperback
ISBN: 978-1-83416-280-5 hardcover
ISBN: 978-1-83416-278-2 eBook

קֶנְגוּרוּ

דּוֹב

תַּנִּין

זֶבְּרָה

גָּמָל

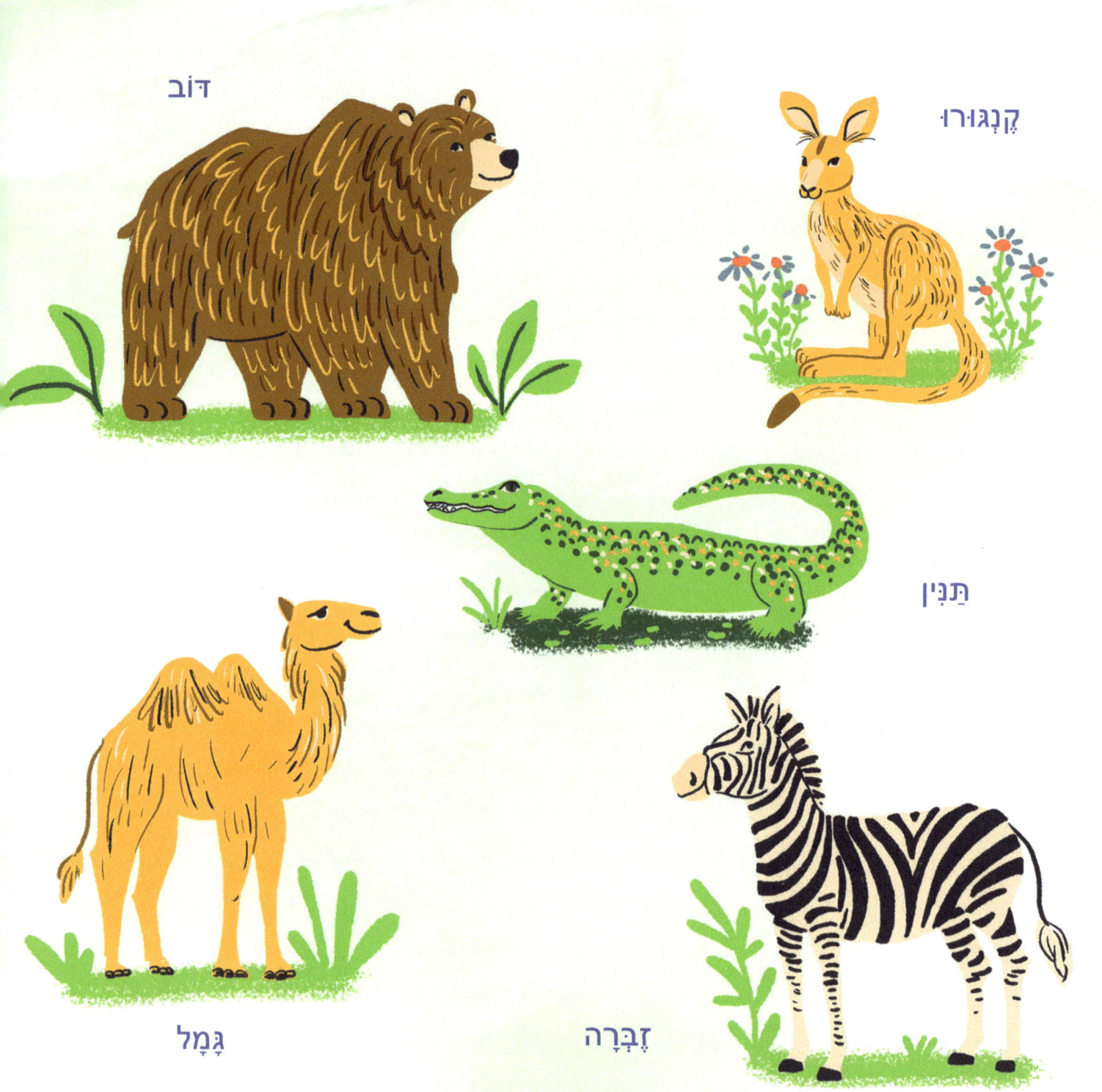

חַיּוֹת בַּר

אַרְיֵה

נָמֵר

גִּ'ירָפָה

✦ הַגִּ'ירָפָה הִיא הַחַיָּה הַגְּבוֹהָה בְּיוֹתֵר עַל הַיַּבָּשָׁה.

פִּיל

קוֹף

אַיָּל קוֹרֵא

זְאֵב

✦הָאַיָּל הַקּוֹרֵא הוּא שַׂחְיָן מְצֻיָּן וְיָכֹל לִצְלוֹל תַּחַת הַמַּיִם כְּדֵי לֶאֱכוֹל צְמָחִים!

סְנָאִי

קוֹאָלָה

✦הַסְּנָאִי מַחְבִּיא אֱגוֹזִים לַחֹרֶף, אֲבָל לִפְעָמִים שׁוֹכֵחַ אֵיפֹה הִנִּיחַ אוֹתָם!

גּוֹרִילָה

חַיּוֹת בַּר

הִיפּוֹפּוֹטָם

פַּנְדָּה

שׁוּעָל

אַיָּל

קַרְנָף

דַּג זָהָב

כֶּלֶב

✦ יֵשׁ תּוּכִּים שֶׁיְּכוֹלִים לַחְזֹר עַל מִלִּים
וַאֲפִלּוּ לִצְחוֹק כְּמוֹ בֶּן אָדָם!

חָתוּל

תּוּכִּי

חַיּוֹת מַחְמָד

קְנָרִית

חֲזִיר גִּינֵיאָה

✦צְפַרְדֵּעַ יְכוֹלָה לִנְשֹׁם גַּם דֶּרֶךְ
עוֹרָהּ וְגַם דֶּרֶךְ רֵאוֹתֶיהָ!

צְפַרְדֵּעַ

אוֹגֵר

לָאמָה

אַרְנֶבֶת

חֲזִיר

✦עֵז יְכוֹלָה לְטַפֵּס עַל סְלָעִים תְּלוּלִים
וַאֲפִלּוּ עַל עֵצִים!

תַּרְנְגוֹל הוֹדוּ

טַוָּס

עֵז

חַיּוֹת בַּחֲוָה

פָּרָה

תַּרְנְגוֹלֶת

בַּרְוָז

כֶּבֶשׂ

סוּס

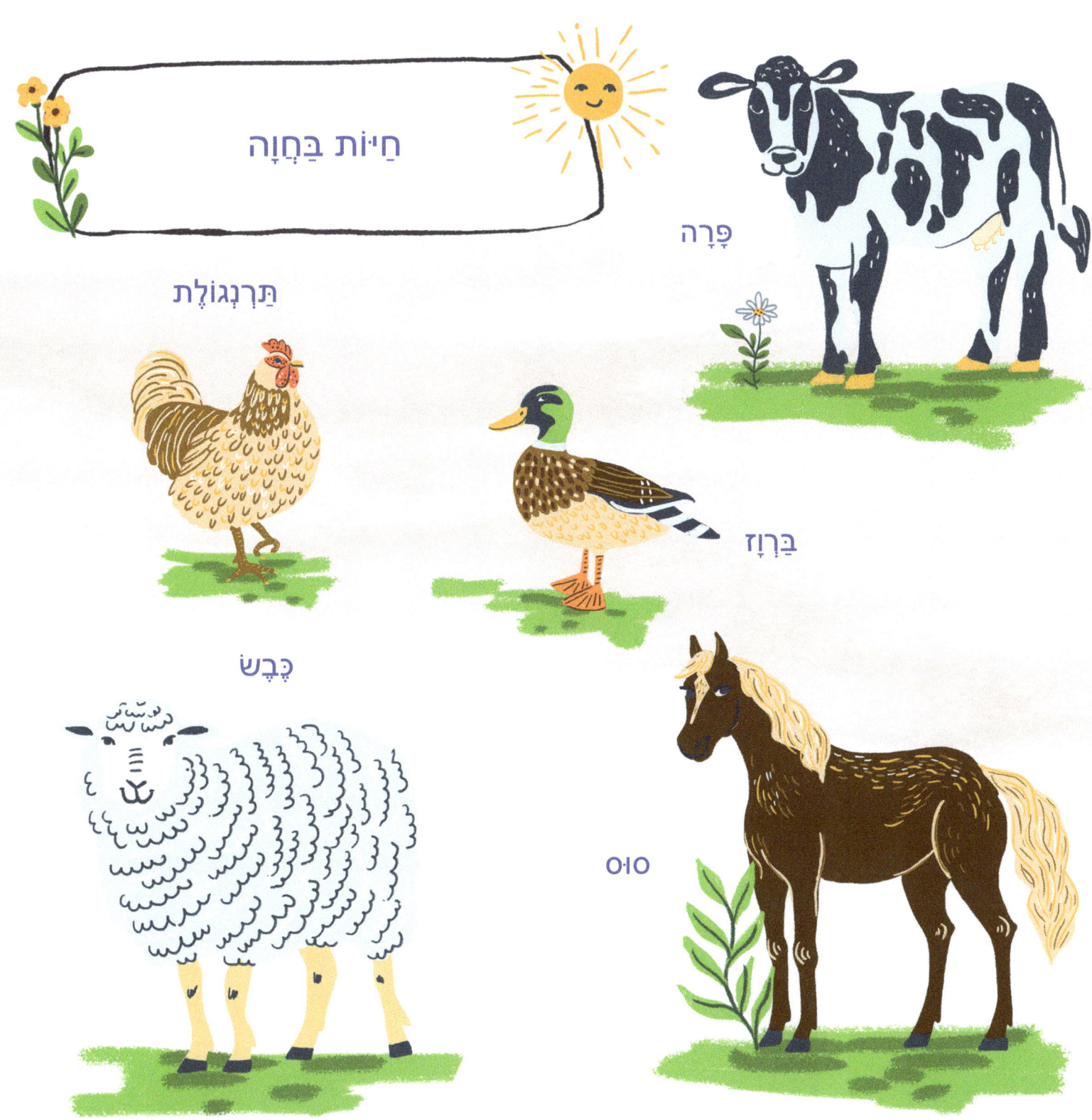

נִיבְתָן

מֵחוּשְׁתָן

✦לְמֵחוּשְׁתָן יֵשׁ דָּם כָּחוֹל.

✦כֶּלֶב יָם יָכוֹל לְהַחְזִיק אֶת נְשִׁימָתוֹ לְמַעְלָה מִ-30 דַּקּוֹת תּוֹךְ כְּדֵי צְלִילָה!

סַרְטָן קְצַר בֶּטֶן

כֶּלֶב יָם

חַיּוֹת בַּמַּיִם

✦לַתְּמָנוּן יֵשׁ שְׁלוֹשָׁה לְבָבוֹת וְהוּא יָכֹל לְשַׁנּוֹת צֶבַע כְּדֵי לְהִסְתַּתֵּר!

✦שַׂפִּירִית הָיְתָה אַחַת הַחַיּוֹת הָרִאשׁוֹנוֹת
בָּעוֹלָם, גַּם לִפְנֵי הַדִּינוֹזָאוּרִים!

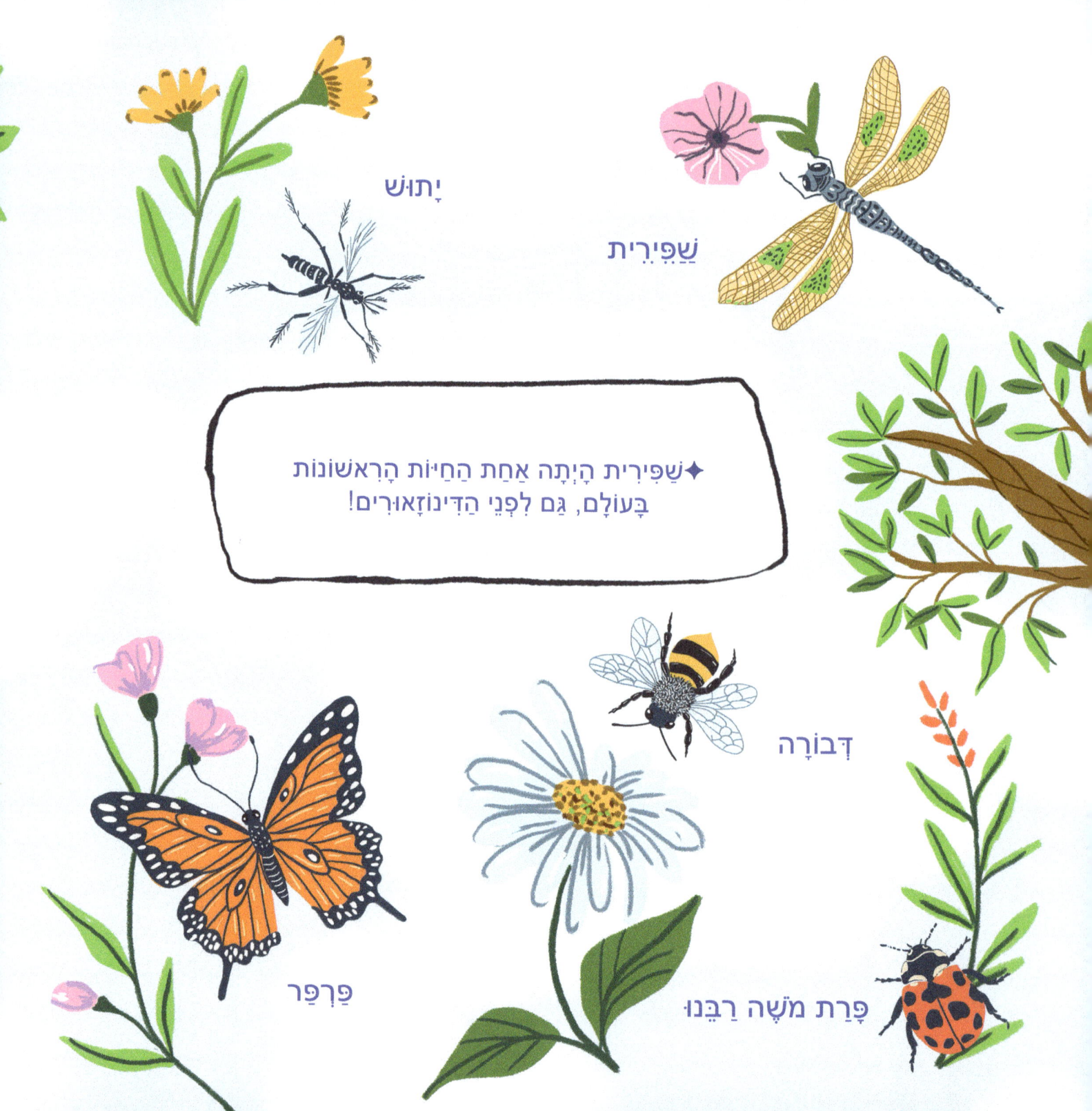

חַיוֹת בַּשָּׁמַיִם

נַקָּר

שַׁחַף

✦הַנֵּץ יָכֹל לִרְאוֹת עַכְבָּר קָטָן מִמֶּרְחַקִּים בַּשָּׁמַיִם!

נֶשֶׁר

יוֹנָה

נֵץ

דָּרְבָּן

גִּירִית

מַרְמִיטָה

✦לַלְטָאָה יֵשׁ יְכוֹלֶת לְהַצְמִיחַ זָנָב חָדָשׁ אִם הִיא מְאַבֶּדֶת אוֹתוֹ!

נְמָלָה

לְטָאָה

חַיּוֹת עַל הַיַּבָּשָׁה
חָגָב
נָחָשׁ
✦הַנָּחָשׁ מֵרִיחַ דֶּרֶךְ הַלָּשׁוֹן וְלֹא הָאַף!
דֹּב נְמָלִים
תּוֹלַעַת
זַחַל

חֲתוּלֵי בָּר

פּוּמָה

אַרְיֵה

בַּרְדְּלָס

✦הַבַּרְדְּלָס הוּא הַחַיָּה
הַמְּהִירָה בְּיוֹתֵר עַל הַיַּבָּשָׁה.

שׁוּנָר

פַּנְתֵּר

חַיּוֹת קְסוּמוֹת

חַד קֶרֶן

פֶּגָסוּס

דְּרָקוֹן

בַּת־יָם

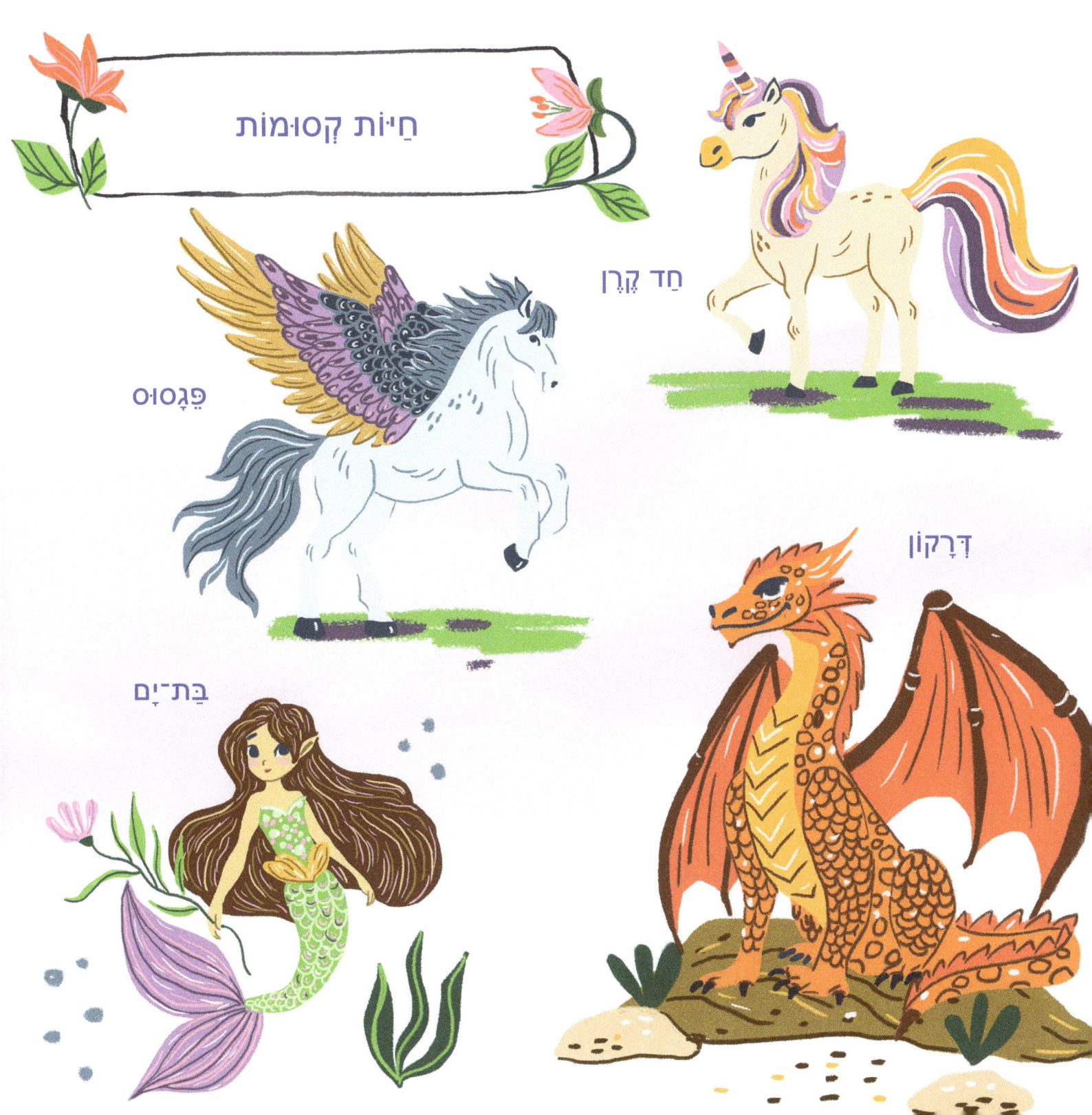

חַיּוֹת קְטַנּוֹת

זִיקִית

עַכָּבִישׁ

✦הַיָּעֵן הוּא הָעוֹף הַגָּדוֹל בְּיוֹתֵר,
אֲבָל לֹא יָכוֹל לָעוּף!

דְּבוֹרָה

✦הַחִלָּזוֹן נוֹשֵׂא אֶת בֵּיתוֹ עַל גַּבּוֹ
וְזוֹחֵל לְאַט מְאוֹד.

חִלָּזוֹן

עַכְבָּר

חַיּוֹת גְּדוֹלוֹת
נִיבְתָן
לִוְיָתָן
יַעֵן
תְּאוֹ
בִּיזוֹן
הִיפּוֹפּוֹטָם

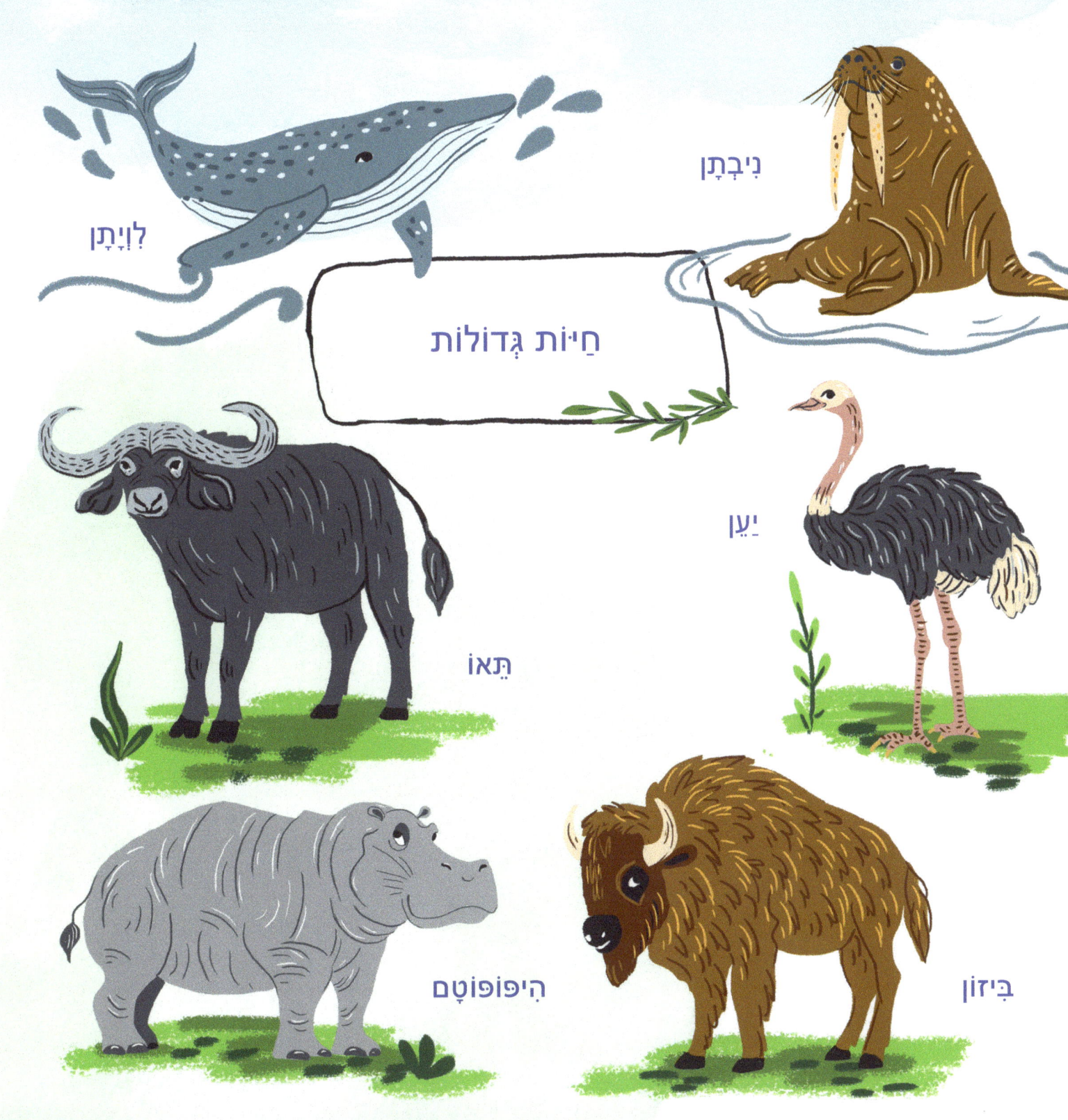

חַיּוֹת רוֹעֲשׁוֹת

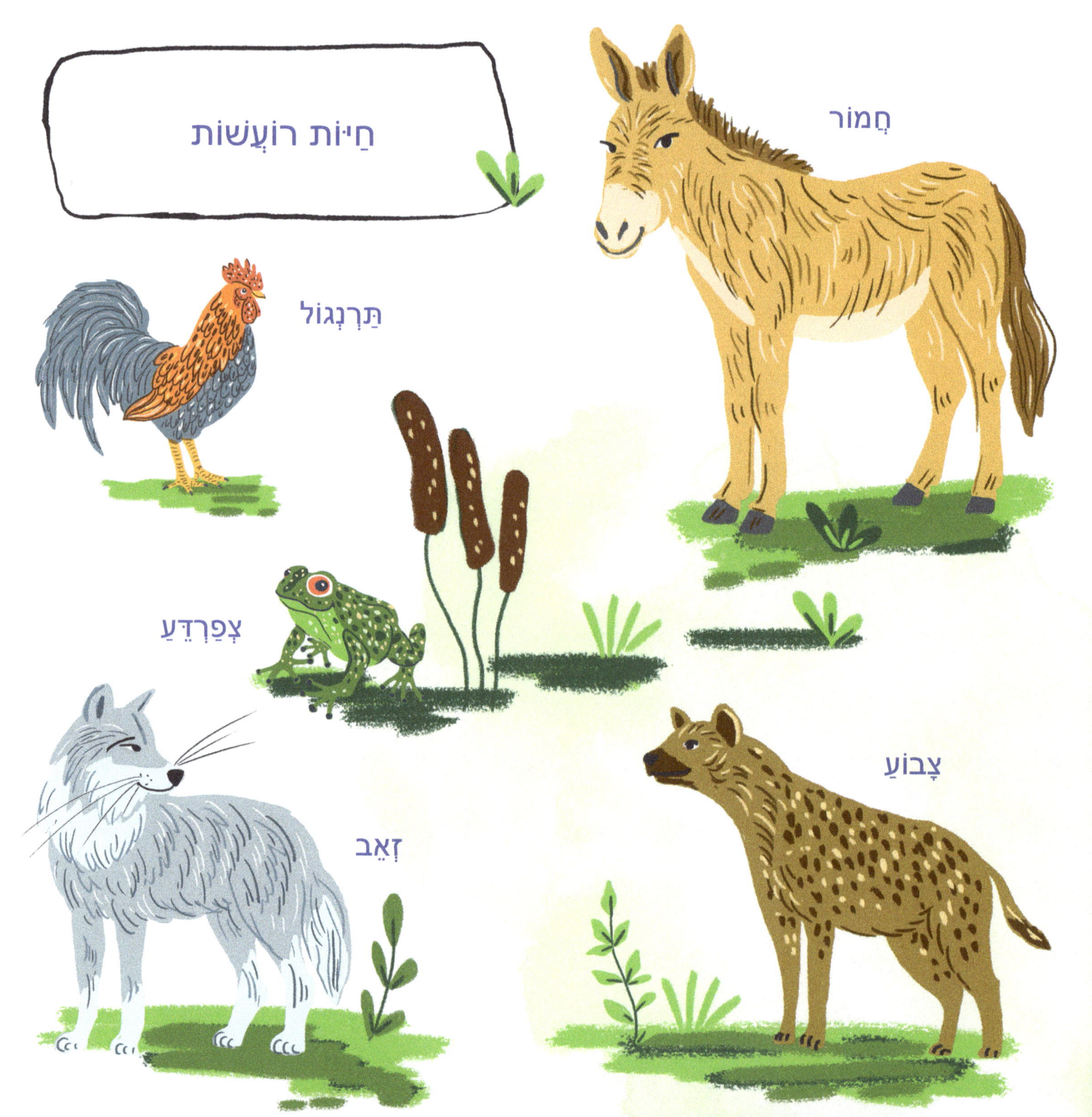

חַיּוֹת שְׁקֵטוֹת

צָב

פָּרַת מֹשֶׁה רַבֵּנוּ

✦הַצָּב יָכוֹל לָגוּר בְּיַבָּשָׁה וּבַמַּיִם.

דָּג

לְטָאָה

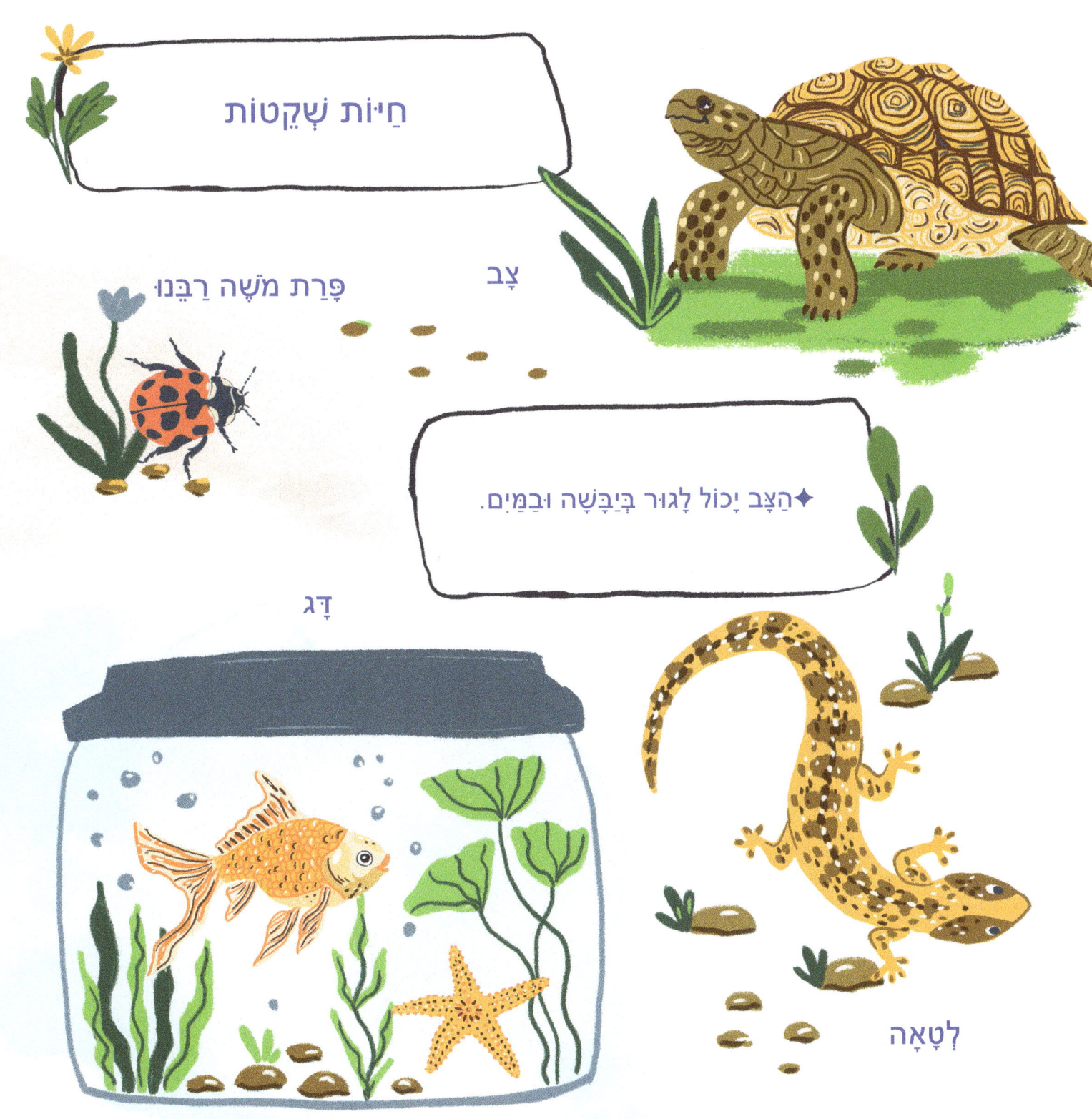

טוּקָן

פַּנְתֵּר

אוֹרָנְגּוּטָן

אִיגוּאָנָה

גּוֹרִילָה

חַיּוֹת בַּגּ'וּנְגֶּל

עַצְלָן

אֲנָקוֹנְדָה

חַיּוֹת קֹטֶב
כֶּלֶב יָם
קַטְלָן
תֻּכִּי יָם
אֵיל הַצָּפוֹן
פִּינְגְּוִין
דוֹב קוֹטֶב

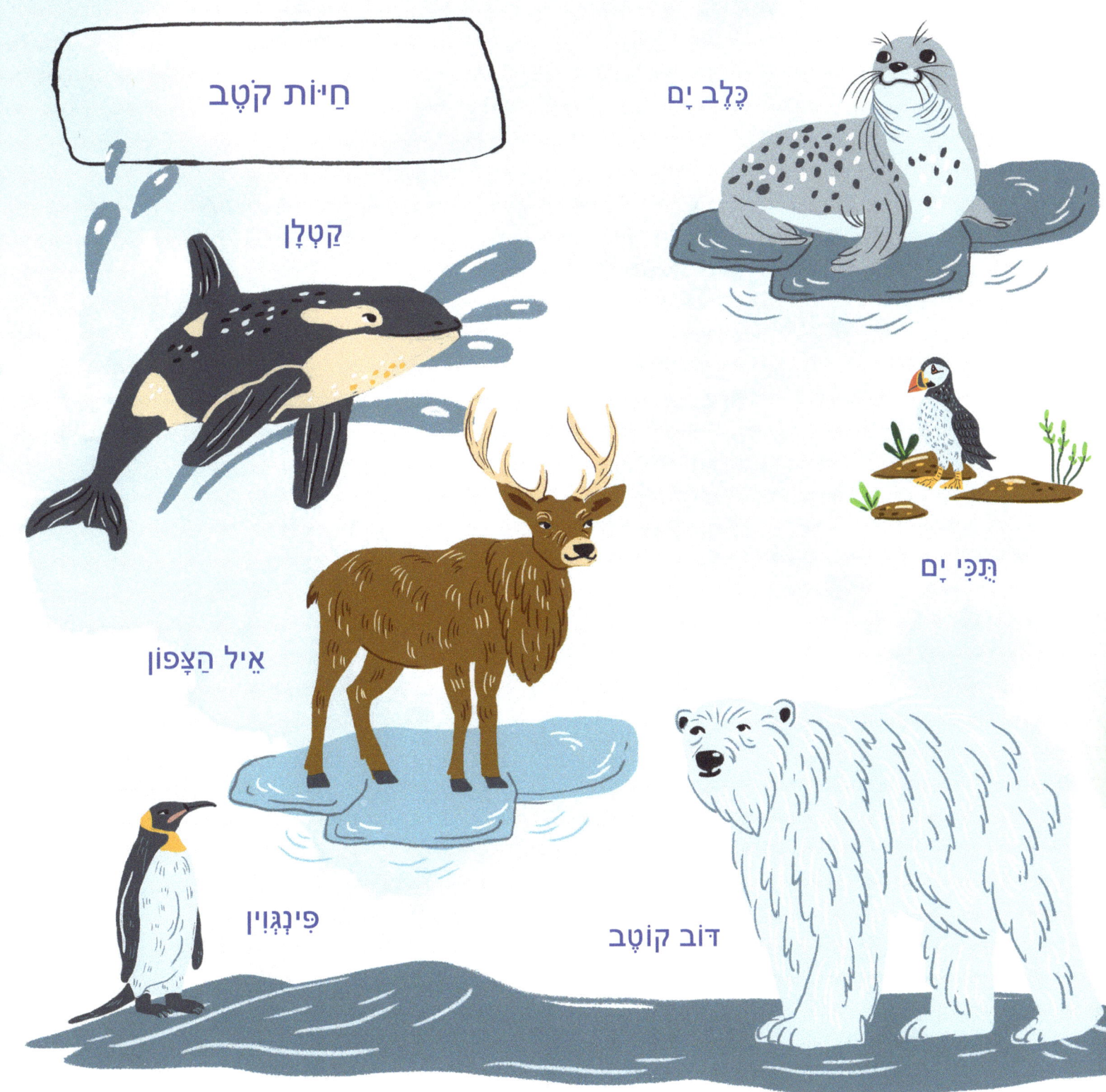

עֲטַלֵּף

יַנְשׁוּף

✦הַיַּנְשׁוּף צָד בַּלַּיְלָה וּמִשְׁתַּמֵּשׁ
בַּשְּׁמִיעָה כְּדֵי לִמְצֹא מָזוֹן!

✦הַגַּחֲלִילִית זוֹהֶרֶת בַּלַּיְלָה כְּדֵי
לִמְצֹא גַּחֲלִילִיּוֹת אֲחֵרוֹת.

טָרַנְטוּלָה

דְּבִיבוֹן

חַיּוֹת לַיְלָה
גַּחְלִילִית
גִּירִית
צִפּוֹר קִיוִי
נָמֵר
קִפּוֹד

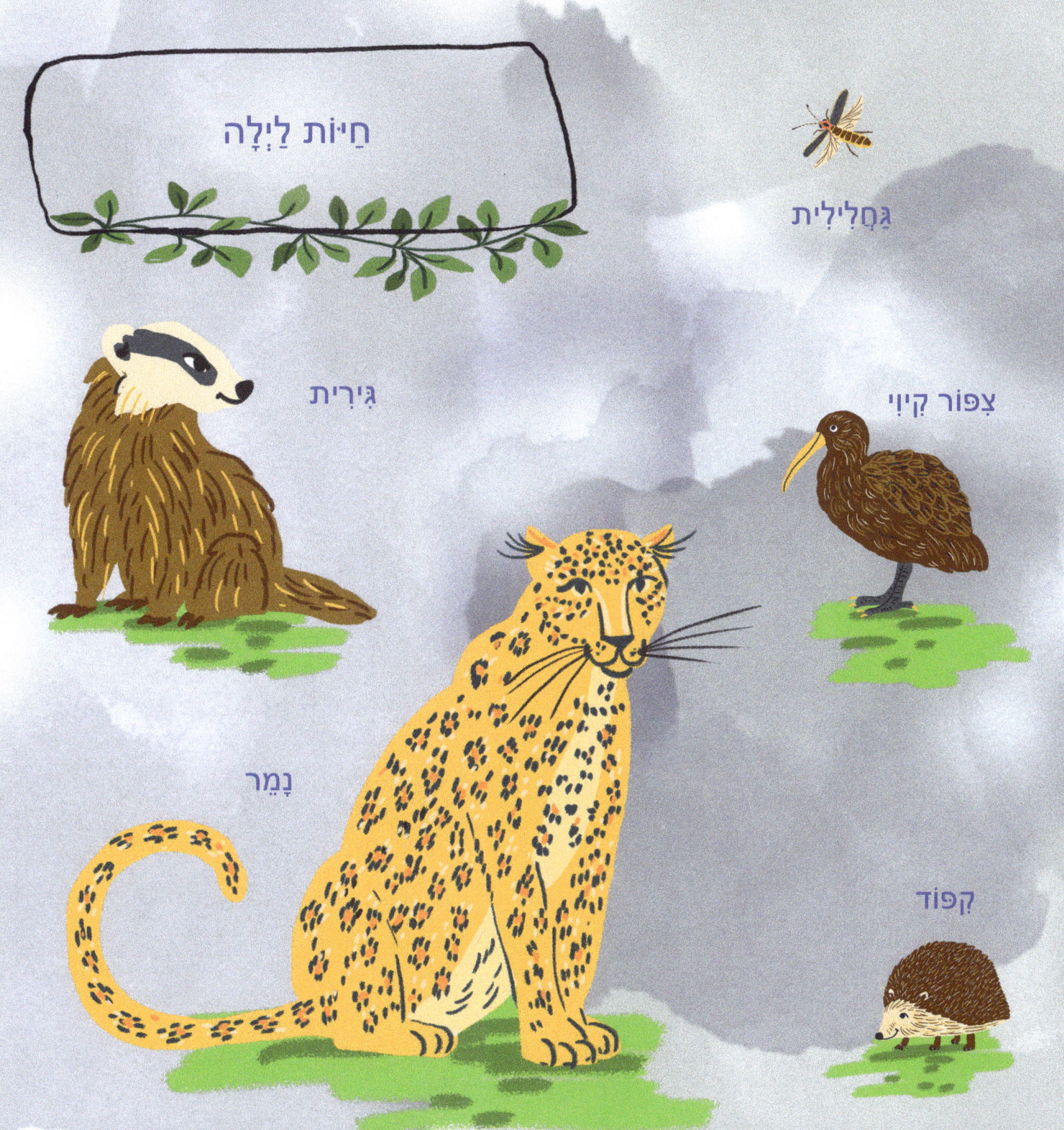

דֹּב הַקֹּטֶב לָבָן

הַשּׁוּעָל כָּתֹם

דֹּב הַקּוֹאָלָה אָפֹר

הַפַּנְתֵּר שָׁחוֹר

הָאֶפְרוֹחַ צָהֹב

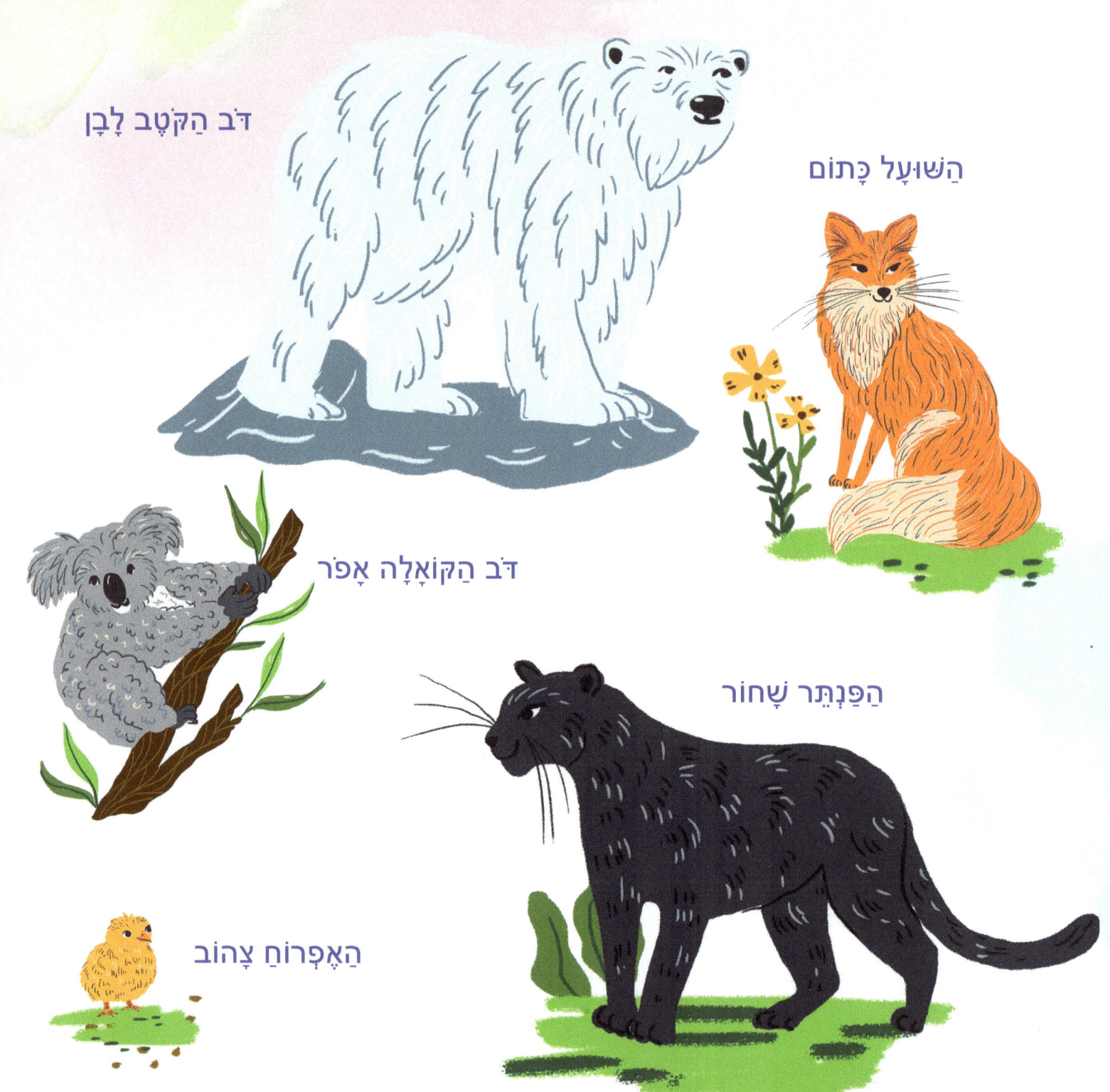

חַיּוֹת צִבְעוֹנִיּוֹת

הַיַּנְשׁוּף חוּם

הַפְּלַמִּינְגוֹ וָרֹד

הַבַּרְבּוּר לָבָן

הַצְּפַרְדֵּעַ יְרֻקָּה

הַתְּמָנוּן סָגֹל

✦הַצְּפַרְדֵּעַ יְרֻקָּה, כָּךְ הִיא יְכוֹלָה לְהִסְתַּתֵּר בֵּין הֶעָלִים.

פַּרְפַּר וְזַחַל

כֶּבֶשׂ וְטָלֶה

סוּס וּסְיָח

חֲזִיר וַחֲזִירוֹן

עֵז וּגְדִי

חַיּוֹת וְהַגּוּרִים שֶׁלָּהֶן

פָּרָה וְעֵגֶל

חָתוּל וַחֲתַלְתּוּל

✦הָאֶפְרוֹחַ מְדַבֵּר עִם אִמּוֹ גַּם לִפְנֵי שֶׁהוּא בּוֹקֵעַ.

תַּרְנְגוֹלֶת וְאֶפְרוֹחַ

כֶּלֶב וּכְלַבְלַב